W9-CSY-196

Índice

¿Puedes encontrar estas palabras?

aves

gatos

grillos

peces dorados

Mascotas alrededor del mundo

Muchas personas tienen mascotas.

3

Los **gatos** son mascotas populares en Rusia.

Rusia

gatos

Los **peces dorados** son mascotas populares en Gran Bretaña.

Gran Bretaña

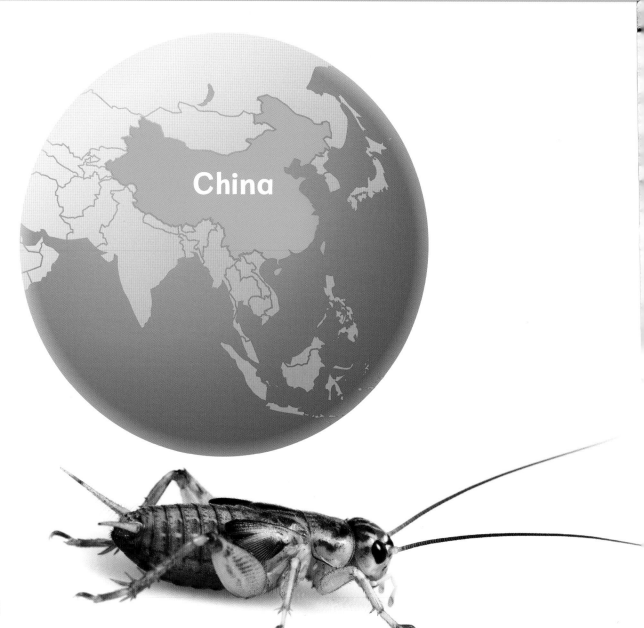

China

8

grillos

India

aves

Se llaman periquitos.

Los perros son la mascota más popular del mundo.

¿Encontraste estas palabras?

La gente en la India disfruta de estas **aves.**

Los **gatos** son mascot populares en Rusia.

Los **grillos** son mascotas populares en China.

Los **peces dorados** son mascotas populares en Gran Bretaña.

Glosario fotográfico

 **aves:** animales que tienen dos patas, alas, plumas y un pico.

 **gatos:** pequeños animales peludos con garras y bigotes, que suelen ser mascotas.

 **grillos:** insectos que saltan y hacen chirridos.

 **peces dorados:** peces color dorado rojizo que se pueden ver en estanques y acuarios.

Índice analítico

Sobre la autora

Katy Duffield es una autora que ha tenido MUCHAS mascotas. Ha tenido gatos, perros, peces, caballos, cangrejos, pájaros, tortugas, lagartos, jerbos y muchos otros. Actualmente tiene una mascota: Pedro, un perro dulce y divertido.

© 2020 Rourke Educational Media

www.rourkeeducationalmedia.com

PHOTO CREDITS: Cover: ©Sergii Figurnyi; p.2,10-11,14,15: ©Africa Studio; p.2,4-5,14,15: ©Oleksandr Lytvynenko; p.2,8-9,14,15: ©Kuttelvaserova Stuchelova; p.2,6-7,14,15: ©satit_srihin; p.3: ©Serafima; p.12-13: ©andresr

Edición: Keli Sipperley
Diseño de la tapa e interior: Rhea Magaro-Wallace
Traducción: Santiago Ochoa
Edición en español: Base Tres

Library of Congress PCN Data
Mascotas alrededor del mundo / Katy Duffield
(Tiempo para descubrir)
ISBN (hard cover - spanish)(alk. paper) 978-1-73160-541-2
ISBN (soft cover - spanish) 978-1-73160-555-9
ISBN (e-Book - spanish) 978-1-73160-548-1
ISBN (e-Pub - spanish) 978-1-73160-719-5
ISBN (hard cover - english)(alk. paper) 978-1-64156-207-2
ISBN (soft cover - english) 978-1-64156-263-8
ISBN (e-Book - english) 978-1-64156-311-6

Library of Congress Control Number: 2018967500

Printed in the United States of America, North Mankato, Minnesota